VEGGIE BURGER

deluxe

30 Rezepte aus aller Welt

Texte und Fotografien: S'cuiz in

Übersetzung: Lena Rütter

südwest

Inhalt

Einführung

Die Veggie-Burger in diesem Buch basieren auf einem Baukastenprinzip. Man benötigt dafür die folgenden Elemente.

– Ein Bun als Basis und Abschluss: Unter Buns versteht man klassischerweise die Hamburgerbrötchen, alternativ lassen sich Boden und Deckel aber auch aus ganz anderen Zutaten wie Champignons oder Kartoffelpuffer „basteln".

– Ein Patty als Hauptbaustein: Ob auf der Zunge zergehend oder mit etwas Biss – folgen Sie einfach Ihren Vorlieben! Die Grundlage dafür bilden unterschiedliche Gemüse- und Getreidesorten, Hülsenfrüchte sowie Ölsaaten, Sojaprodukte (Tofu natur, Seidentofu, fermentierter Tofu, Tempeh), Seitan, Käse und weitere Zutaten, die Sie – je nach gewünschten Nährstoffen – beliebig kombinieren können.

– Eine oder mehrere Saucen: Mayonnaisevariationen zum Bestreichen der Buns oder Saucen zum Beträufeln der Pattys. Leckere Saucen sorgen für eine schöne Cremigkeit und geschmackliche Tiefe. Sie halten die Zutaten zusammen und machen den Burger komplett.

– Knackig frische Toppings: Ob Salatblätter, Tomatenscheiben, gegarte oder rohe Zwiebeln – auf die Details kommt es an! Spielen Sie mit Farben und Aromen und verleihen Sie Ihrer „Burger-Kreation" den letzten Schliff.

Salate sowie Gemüse-Chips oder Pommes Frites eignen sich hervorragend als Beilage zu den Veggie-Burgern.

Mayonnaise

Eigelb (alternativ 2 EL Sojasahne oder 1 EL weißes Mandelmus) 1
milder Senf...................................... 1 TL
Apfelessig........................... einige Tropfen
neutrales Öl......................... 200–250 ml
Salz, Pfeffer

1. Das Eigelb beziehungsweise das Ersatzprodukt mit Senf und Apfelessig in eine Schüssel geben. Mit Salz würzen.

2. Mit einem Handmixer oder Stabmixer zu einer cremigen Mayonnaise rühren, dabei das Öl in einem dünnen Strahl zugießen. Mit Salz und Pfeffer abschmecken.

Klassische Buns

Ergibt etwa 10 Stück · Vorbereiten: 15 Min. · Ruhen: 2 Std. · Zubereiten: 25 Min.

Die Zutaten

Butter (oder Margarine)..................40 g
Mehl Type 405............................. 300 g
+ etwas mehr zum Bestäuben
Mehl Type 550............................200 g
Trockenhefe .... 1½ Päckchen (11 g)
Zucker .... 1 EL
Milchpulver (optional) ....20 g
Salz ....12 g
Ei (oder 50 g Sojajoghurt)................... 1
Milch (oder Pflanzenmilch)..........240 ml
Öl...2 EL
Ei (oder Sojajoghurt),
zum Bestreichen.................................. 1
Saaten (zum Beispiel Sesam oder
ungemahlene Gewürze) zum Bestreuen
Salz

Variationen

• Geben Sie Gewürze oder getrocknete Kräuter
nach Geschmack in den Teig, um ihm zusätzlich Farbe
und Aroma zu verleihen.
• Für einen Brioche-Teig fügen Sie noch 2 Eigelbe
hinzu und variieren Sie die Zutaten wie folgt: 200 ml Milch,
25 g Zucker und 75 g Butter.

Das Rezept

1. Die Butter zerlassen. Mehle, Trockenhefe, Zucker, Milchpulver und Salz in einer Schüssel vermengen. Eine Mulde in die Mitte drücken, dann Ei und Milch hineingeben. Den Teig verkneten. Sobald er bindet, Öl und flüssige Butter zugeben.

2. 10 Minuten in der Küchenmaschine kneten. Der Teig sollte leicht klebrig sein, sich aber vom Boden lösen. Sollte er zu trocken oder zu klebrig sein, etwas mehr Wasser oder Mehl zugeben.

3. Den Teig abgedeckt 1½ Stunden, oder bis sich das Teigvolumen verdoppelt hat, gehen lassen.

4. Die Arbeitsfläche mit Mehl bestäuben. Den Teig in Portionen von 70–80 g (für klassische Buns) oder 50–60 g (kleine Buns) teilen. Jede Portion zu einer Kugel formen und mit ausreichend Abstand auf zwei mit Backpapier ausgelegten Blechen verteilen. Mit der Handfläche flachdrücken und nochmals 30 Minuten gehen lassen.

5. Den Backofen auf 200 °C (Ober- und Unterhitze) vorheizen. Das Ei oder den Sojajoghurt verquirlen und salzen. Die Teigrohlinge damit bestreichen. Die Saaten darüberstreuen und leicht eindrücken. 25 Minuten im Ofen backen. Für ein gleichmäßiges Ergebnis die Backbleche nach etwa 12 Minuten einmal umtauschen.

Glutenfreie Buns

Ergibt etwa 4 Stück · Vorbereiten: 5 Min. · Ruhen: 30 Min. · Zubereiten: 20 Min.

Die Zutaten

glutenfreies Mehl (aus Mais,
Reis, Buchweizen, Quinoa,
Kastanie oder eine Mischung
davon)*...170 g
Kartoffel- oder Maisstärke...............50 g
Trockenhefe .... ½ Päckchen
Salz...4 g
Ei (optional) 1
Sojajoghurt...................................125 g
Öl..2 EL

Variationen

• Durch sanftes Rösten werden die Aromen der Mehle intensiviert. Geben Sie das Mehl ohne Fettzugabe in eine große Pfanne oder bei 150 °C (Ober- und Unterhitze) in den Backofen, bis es eine leichte Farbe angenommen hat.
• Bestreuen Sie den Boden der Form und die Teigrohlinge mit Saaten nach Geschmack (zum Beispiel Sesamsaat, Sonnenblumenkerne oder Kürbiskerne).
• Geben Sie klein geschnittene Trockenfrüchte, frisches Obst oder gehackte Nusskerne zum Teig (zum Beispiel Rosinen, Äpfel, Walnüsse oder Mandeln).

Das Rezept

1. Mehl, Stärke, Trockenhefe und Salz in einer Schüssel vermengen. Eine Mulde in die Mitte drücken, dann 150 ml Wasser, Ei, Sojajoghurt und Öl hineingeben und die Zutaten zu einem recht flüssigen Teig verarbeiten.

2. Vier Backformen mit je 250 ml Volumen (100 ml für Mini-Buns) bis zur Hälfte mit Teig füllen und 30 Minuten gehen lassen.

3. Sobald der Teig die Formen beinahe komplett ausfüllt, den Backofen auf 180 °C (Ober- und Unterhitze) vorheizen. Die Buns 20 Minuten (Mini-Buns sind schneller fertig) im Ofen backen. Aus der Form nehmen und auf einem Kuchengitter abkühlen lassen.

* **Mais-Buns:** 170 g glutenfreies Mehl =
120 g Maismehl + 50 g Reismehl.

Buchweizen-Buns: 170 g glutenfreies Mehl =
90 g Buchweizenmehl + 50 g Kastanienmehl +
30 g Reismehl.

Quinoa-Buns: 170 g glutenfreies Mehl =
70 g Quinoamehl + 50 g Kastanienmehl +
50 g Reismehl.

Vollkorn-Buns

Ergibt etwa 15 Stück · Vorbereiten: 20 Min. · Ruhen: 1 Std. 30 Min. · Zubereiten: 40 Min.

Das Rezept

1. Die Butter in einem Topf zerlassen. Mehle, Trockenhefe, Honig und Salz in einer Schüssel vermengen. Eine Mulde in die Mitte drücken, dann Milch und Butter hineingießen. Alle Zutaten zu einem Teig verkneten. Sollte er zu trocken oder zu klebrig sein, etwas mehr Wasser oder Mehl zugeben. Der Teig sollte etwas klebriger sein als ein klassischer Brotteig.

2. 10 Minuten in der Küchenmaschine kneten. Abgedeckt 1 Stunde gehen lassen, oder bis sich das Teigvolumen verdoppelt hat.

3. Die Arbeitsfläche mit Grieß bestreuen. Den Teig mit einem Teigroller unter geringem Druck etwa 1,5 cm dick ausrollen. Mit Grieß bestreuen und

Die Zutaten

Butter (oder Margarine)...................50 g
Mehl Type 1050 ....350 g
Mehl Type 405...............................150 g
Trockenhefe .... 2 Päckchen
Honig...35 g
Salz ....12 g
Vollmilch (oder Pflanzendrink) .....300 ml
feiner Grieß

6-7 cm große Kreise (à 60-70 g) ausschneiden. Nochmals 30 Minuten gehen lassen.

4. Eine gusseiserne Pfanne erhitzen. Die Buns darin 10 Minuten von jeder Seite backen.

Mini-Ciabattas

Ergibt etwa 15 Stück · Vorbereiten: 15 Min. · Ruhen: 1 Std. 15 · Zubereiten: 20 Min.

Das Rezept

1. Mehle, Hefe, Zucker und Salz vermengen. Eine Mulde in die Mitte drücken, 220 ml Wasser hineingießen und alles zu einem Teig verkneten. Dann das Öl zugeben.

2. 10 Minuten kneten. Ist der Teig zu trocken oder zu klebrig, etwas Wasser oder Mehl zugeben, damit er weich ist. Abgedeckt 45 Minuten gehen lassen.

3. Die Arbeitsfläche mit Mehl bestäuben. Den Teig 1 cm dick ausrollen, dann in 15 Quadrate à 70 g schneiden. 30 Minuten gehen lassen. Den Backofen auf 200 °C (Ober- und Unterhitze) vorheizen.

Die Zutaten

Mehl Type 550.............................100 g
+ etwas mehr zum Bestäuben
Mehl Type 405.............................250 g
Trockenhefe .... 2 Päckchen
Zucker ....2 TL
Salz ....8 g
Öl ....3 EL + etwas mehr zum Bestreichen

4. Die Teigquadrate 15-20 Minuten im Ofen backen. Vor dem Abkühlen leicht mit Öl bestreichen.

Pita-Brote

Ergibt etwa 10 Stück · Vorbereiten: 15 Min. · Ruhen: 1 Std. 15 Min. · Zubereiten: 10 Min.

Das Rezept

1. Mehl, Trockenhefe, Zucker und Salz in einer Schüssel vermengen. Eine Mulde in die Mitte drücken, dann 200 ml Wasser hineingießen. Alle Zutaten zu einem Teig verkneten. Das Öl erst zugeben, wenn der Teig bindet.

2. In der Küchenmaschine 10 Minuten kneten. Sollte der Teig zu trocken oder zu klebrig sein, etwas mehr Wasser oder Mehl zugeben. Er sollte sehr weich sein. Abgedeckt 45 Minuten gehen lassen.

3. Die Arbeitsfläche mit Mehl bestäuben. Den Teig in Portionen zu je 70 g (oder 45 g für kleine Brote) teilen. Jede Portion zu einer Kugel formen, dann mit einem Teigroller zu Pita-Broten rollen. Nochmals 30 Minuten gehen lassen.

Die Zutaten

Mehl Type 550 ....350 g
+ etwas mehr zum Bestäuben
Trockenhefe .... 1 Päckchen
Zucker ....1 TL
Salz .... 7 g
Öl....................................1 EL

Variation

Sie können die Brote auch in einer gusseisernen Pfanne backen.

4. Den Backofen auf 250 °C (Ober- und Unterhitze) vorheizen. Die Brote 5 Minuten auf der unteren Schiene des Ofens backen. Abkühlen lassen und in einem Brotbeutel aufbewahren.

Chapatis

Ergibt etwa 6 Stück · Vorbereiten: 15 Min. · Ruhen: 1 Std. · Zubereiten: 15 Min.

Das Rezept

1. Mehl, Gewürz und Salz in einer Schüssel vermengen. Eine Mulde in die Mitte drücken, dann 150 ml lauwarmes Wasser und das Öl hineingießen.

2. 10 Minuten kneten. Ist der Teig zu trocken oder zu klebrig, etwas mehr Wasser oder Mehl zugeben. Der fertige Teig sollte sehr weich sein. Mit Frischhaltefolie abgedeckt 1 Stunde gehen lassen.

3. Die Arbeitsfläche mit Mehl bestäuben. Den Teig in Portionen zu je 60 g teilen. Jede Portion zu einer Kugel formen, dann mit einem Teigroller zu dünnen Chapatis ausrollen.

Die Zutaten

Mehl Type 1050 ....250 g
Kurkuma- oder Currypulver
(optional) ....1 TL
Salz .... 5 g (1 gehäufter TL)
Öl..1 EL

4. Eine gusseiserne Pfanne erhitzen. Die Chapatis darin einzeln von jeder Seite kurz anbraten. Auf einen Metallspieß stecken und mit einem Flambierbrenner rundum weitergaren, bis der Teig Blasen wirft. Abkühlen lassen. Im Brotbeutel aufbewahren.

Thai-Burger

Für 12 Mini-Burger · Vorbereiten: 40 Min. · Zubereiten: 30 Min. · Ruhen: 40 Min.

Das Rezept

1. Den Reis 10 Minuten in Wasser einweichen, dann mehrmals unter fließend kaltem Wasser abspülen, bis das ablaufende Wasser klar ist.

2. Den Reis mit 300 ml Wasser in einem Topf mit geschlossenem Deckel zum Kochen bringen. 2 Minuten kochen, dann die Hitze auf kleinste Stufe reduzieren und 12 Minuten ganz leicht köcheln lassen. Den Herd ausschalten und den Reis 10 Minuten quellen lassen.

3. Essig, Zucker und 1½ Teelöffel Salz verrühren. Den Reis in einer großen flachen Schüssel verteilen und vorsichtig auflockern. Die Essigmischung mit schneidenden Bewegungen unterrühren. Mit einem Geschirrtuch abdecken und ruhen lassen.

4. Die Ränder von den Kohlblättern entfernen. Karotte und Mango schälen. Kohl, Karotte und Mango in feine Streifen schneiden. Das Öl in einem Wok erhitzen und die Gemüse-Obst-Mischung darin kurz bissfest braten.

5. Den Tempeh in 12 Scheiben schneiden. Das Öl in einer Pfanne erhitzen und die Scheiben darin 2–3 Minuten von jeder Seite goldbraun braten.

6. Für die Sauce den Ingwer schälen und reiben. Den Knoblauch abziehen und zerdrücken. Beides in einen Topf geben. Das Zitronengras hacken und mit den restlichen Zutaten in den Topf geben. 100 ml Wasser zugießen und alles zum Kochen bringen. 10 Minuten bei geringer Hitze und unter gelegentlichem Rühren köcheln lassen.

Die Zutaten

Reis-Buns

Sushi-Reis	250 g
Reisessig	30 ml
Zucker	20 g

Toppings

Spitzkohl	3 Blätter
Karotte	1
nicht zu reife Mango	½
Sesamöl	2 TL

Pattys

Tempeh (Rolle)	150 g
Sesamöl	1 EL

Sauce

frischer Ingwer	1 Stück (10 g)
Knoblauchzehe	1 kleine
Zitronengras	1 Stück (5 cm)
Fischsauce	1 EL
Sojasauce	1 EL
Reisessig	1 EL
Agavendicksaft	2 TL
getrocknete Chilischote	1
Kartoffelstärke	1 TL
Salz	

7. Aus dem Reis mit einer passenden Form in der Größe der Tempeh-Scheiben insgesamt 24 Buns formen. Die Hälfte davon mit Tempeh-Scheiben und Gemüse belegen, dann mit den restlichen Reis-Buns abschließen. Mit der Sauce beträufeln und sofort servieren.

Libanesische Burger

Für 2 Burger · Vorbereiten: 20 Min.

Die Zutaten

dünne Pita-Brote (s. Seite 15)............. 4

Pattys

grüne Bohnen, gegart .... 180 g
griechischer Joghurt (oder Olivenöl-
Mayonnaise oder Mandelmus)........ 2 EL
gegarter Bulgur .... 80 g
frische Kräuter
(Petersilie, Minze,
Koriander), gehackt .... 1 kleines Bund
gehackte Salzzitrone....................... 1 TL
rote Zwiebel, geschält......................... ¼

Toppings

Zuckermelone, z. B. Honigmelone
(oder ¼ Salatgurke)............................ ¼
Tomate .... 1 kleine
Granatapfelsamen .... 2 EL
rote Zwiebel, geschält......................... ¼
Zitronensaft
Sumach (oder mildes Paprikapulver)
Salz, Pfeffer

Das Rezept

1. Die Bohnen mit einer Gabel zerdrücken und mit dem Joghurt glattrühren. Mit Salz und Pfeffer würzen. Bulgur, Kräuter und Salzzitrone unterrühren. Die Zwiebel hacken und zugeben. Alle Zutaten sorgfältig zu einer gleichmäßigen Masse verarbeiten.

2. Die Melone schälen. Melone und Tomate entkernen und in kleine Würfel schneiden. Mit den Granatapfelsamen vermengen. Die Zwiebel hacken und unterrühren.

3. Zwei Pita-Brote mit der Bohnenmasse bestreichen. Etwas Tomatensalat und einen Spritzer Zitronensaft darübergeben. Mit Sumach oder Paprikapulver bestreuen. Mit den restlichen Pita-Broten belegen und die Burger kalt servieren.

Bolly Burger

Für 2 Burger · Vorbereiten: 25 Min. · Zubereiten: 50 Min.

Die Zutaten

dünne Chapatis (siehe S. 15)............... 4

Pattys & Toppings

Zwiebel... 1
grüne Kardamomkapseln...................... 4
Gewürznelken 2
Koriandersamen .... 1 EL
Kreuzkümmelsamen .... 1 TL
Zimtstange .... 1 kurzes Stück
Öl..4 TL
rote Linsen .... 80 g
Sultaninen.. 1 EL
Kichererbsenmehl (oder Reismehl).. 40 g
gegarter Jasminreis .... 100 g
Tomate 1

Sauce

Mayonnaise (siehe S. 9)................. 3 EL
Currypuler..1 TL
Salz

Das Rezept

1. Wasser im dreifachen Volumen der Linsen abmessen. Die Zwiebel abziehen und hacken. Die Hälfte der Zwiebel mit den Gewürzen (Kardamom, Gewürznelken, Koriander, Kreuzkümmel, Zimt) verrühren. 2 Teelöffel Öl in einer Pfanne erhitzen und die Mischung darin anbraten. Linsen und Sultaninen zugeben. Das Wasser zugießen, alles zum Kochen bringen und 40 Minuten köcheln lassen, bis die Linsen gar sind und das Wasser aufgesogen ist. Mit Salz würzen. Nelken und Zimtstange entfernen.

2. Die Linsenmischung mit 25 g Mehl und dem Reis vermengen. Aus der Masse 2 Pattys formen. Das restliche Öl in einer Pfanne erhitzen und die Pattys darin von beiden Seiten goldgelb braten.

3. Die restliche Zwiebel mit dem restlichen Mehl verrühren und braun braten. Mit Salz würzen.

4. Mayonnaise und Currypulver verrühren. Die Chapatis damit bestreichen. Die Tomate in Scheiben schneiden. Zwei Chapatis mit Linsen-Pattys, gebratenen Zwiebeln und Tomatenscheiben belegen. Mit den restlichen Chapatis abschließen und sofort servieren.

Maghreb-Burger

Für 4 Burger · Vorbereiten: 25 Min. · Zubereiten: 40 Min.

Die Zutaten

Fladenbrot (mit Grieß)........................ 1

Pattys

Zwiebel 1
rote Paprikaschote.................... 1 kleine
Karotte 1
Speiserübe 1
Zucchini.............................. 1 kleine
Couscous-Gewürz .... 2 TL
Kräutersträußchen (Thymian,
Lorbeer, Sellerieblätter) 1
Kichererbsen aus
der Dose............. 320 g (Abtropfgewicht)
Mandelmus (oder
3 EL natives Olivenöl extra) .... 40 g
natives Olivenöl extra..................... 2 EL

Toppings

Karotte 1
frische Minze, gehackt .... 8 Blätter

Sauce

Mayonnaise (siehe S. 9).................. 4 EL
Harissa-Paste .... 2 TL
Salz

Das Rezept

1. Die Zwiebel abziehen und hacken. Die Paprika entkernen. Karotte, Rübe und Zucchini klein würfeln. 1 Esslöffel Öl in einer Pfanne erhitzen. Zwiebel und Couscous-Gewürz darin 5 Minuten braten. Paprika und Karotte zugeben und weitere 5 Minuten braten. 100 ml Wasser zugießen, dann die Kräuter zugeben. Mit Salz würzen und 5 Minuten bei geschlossenem Deckel schmoren lassen. Rübe zugeben und weitere 5 Minuten garen, dann die Zucchini zufügen und weitere 5 Minuten schmoren. Das Wasser sollte nun verdampft sein.

2. Kichererbsen und Mandelmus mit etwas Salz verrühren, dann unter das Gemüse mischen. Aus der Masse 4 Pattys formen. Das restliche Öl in einer Pfanne erhitzen und die Pattys darin 5 Minuten von jeder Seite braten.

3. Die zweite Karotte mit dem Sparschäler in feine Streifen schneiden. Mayonnaise und Harissa-Paste verrühren. Mit Salz würzen.

4. Aus dem Fladenbrot 8 runde Buns ausstechen oder ausschneiden. Die Buns durchschneiden und die Innenseiten toasten. Die unteren Hälften mit der Mayonnaise bestreichen. Mit Gemüse-Pattys und Karottenstreifen belegen, dann mit der Minze bestreuen. Mit den oberen Bun-Hälften abschließen und sofort servieren.

Variation

Geben Sie eine Handvoll Rosinen zum kochenden Gemüse und bestreuen Sie die Pattys mit gerösteten Mandelblättchen.

Karotten-Erdnuss-Burger

Für 6 kleine Burger · Vorbereiten: 40 Min. · Zubereiten: 45 Min.

Die Zutaten

Das Rezept

Glutenfreie Karotten-Muffins

Sojajoghurt	125 g
Ei (oder 50 g Sojajoghurt)	1
grobe Erdnussbutter	40 g
Erdnussöl	3 EL
Ingwerpulver	1 TL
Karotten, geraspelt	160 g
geriebener Emmentaler (oder 1 EL Cashewmus)	80 g
Reismehl	75 g
Maismehl	40 g
Kartoffelstärke	25 g
Backpulver	1 TL

Pattys

Karottenpüree	300 g
Sojajoghurt	80 g
Eier (oder 80 g Seidentofu + 2 EL Kichererbsenmehl)	2 (Gr. S)
Kartoffelpüreepulver (Instant)	30 g
frischer Koriander	6 Stängel
Stangensellerieblätter	3

Toppings

Emmentaler	1½ Scheiben
Bohnensprossen	4 EL

Sauce

Kokosmilch	200 ml
milde Currypaste	2 TL
Fischsauce	2 TL
frischer Koriander	4 Stängel
Stangensellerieblätter	2
geröstete Erdnüsse	3 EL
Salz, Pfeffer	

1. Für die Muffins den Backofen auf 175 °C (Ober- und Unterhitze) vorheizen. Joghurt, Ei, Erdnussbutter, Öl, Ingwer und etwas Salz mischen. Karotten, Käse und Mehle unterrühren. Die Stärke mit dem Backpulver sieben, zufügen und alles verrühren. Den Teig in sechs Muffinformen füllen und 20 Minuten im Ofen backen.

2. Für die Pattys Karottenpüree, Joghurt, Eier und Kartoffelpüree vermengen. Koriander und Sellerieblätter hacken und unterrühren. Mit Salz und Pfeffer würzen, dann die Masse in sechs Muffinformen füllen und 20 Minuten im Ofen garen.

3. Für die Sauce Kokosmilch, Currypaste und Fischsauce verrühren. In einem Topf bei geringer Hitze 5 Minuten köcheln. Koriander, Sellerieblätter und Erdnüsse hacken und unterrühren.

4. Die Muffins durchschneiden und toasten. Die unteren Hälften mit je ¼ Scheibe Käse, Pattys und Sprossen belegen. Mit der Sauce beträufeln, dann mit den oberen Muffinhälften abschließen. Sofort servieren.

Ramen-Burger

Für 1 Burger · Vorbereiten: 25 Min. · Zubereiten: 15 Min. · Ruhen: 1 Std.

Die Zutaten

Ramen-Bun

asiatische Instant-
Nudeln................. 1 kleines Paket (60 g)
Salz

Toppings

Karotte .... ¼
Chinakohl ....1 Blatt
Ingwerwurzel..................................... 5 g
frische Chilischote
(optional) .... 1 kleines Stück
Lauchzwiebel (oder 4 Halme
Schnittlauch)............................. 2 Enden
Öl..3 EL
Nem-Sauce.................................... 2 EL
Tomate ....2 Scheiben
geröstete Sesamsaat........................2 TL

Patty

Tofu, natur ....120 g

Sauce

Hoisin- oder Barbecuesauce............ 1 EL

Variation

Den Tofu in einer asiatischen Sauce marinieren,
mit Pankomehl panieren oder durch andere
Fleischersatzprodukte (zum Beispiel Seitan) ersetzen.

Das Rezept

1. Salzwasser in einem Topf zum Kochen bringen und die Nudeln hineingeben. 4 Minuten bei geschlossenem Deckel ziehen lassen, dann abgießen und abtropfen lassen. Die Nudeln jeweils zur Hälfte in zwei runde Formen à 10 cm Durchmesser geben (zum Beispiel Silikonformen oder mit Frischhaltefolie abgedeckte Dessertringe). Die Nudeln andrücken, mit einem Gewicht beschweren (zum Beispiel Konservendosen) und 1 Stunde in den Kühlschrank stellen.

2. Karotte und Chinakohl in feine Streifen schneiden. Den Ingwer schälen und in sehr feine Streifen schneiden. Die Chili entkernen und hacken. Die Lauchzwiebel beziehungsweise den Schnittlauch grob hacken.

3. Die abgekühlten Ramen-Buns aus der Form nehmen. In einer großen Pfanne 2 Esslöffel Öl erhitzen. Die Nudel-Buns und den abgetropften Tofu darin von beiden Seiten jeweils 3–4 Minuten braten. Das restliche Öl in einer zweiten Pfanne auf hoher Stufe erhitzen. Karotte, Kohl und Ingwer darin 3–4 Minuten scharf anbraten, dann mit der Nem-Sauce ablöschen.

4. Einen Bun mit der Hoisin-Sauce bepinseln, dann mit Tomatenscheiben und Tofu belegen. Gebratenes Gemüse, Chili und Lauchzwiebel nach Geschmack darübergeben. Mit Sesamsaat bestreuen, dann mit dem zweiten Bun belegen. Sofort servieren. Dazu passen Suppe und eine leichte asiatische Sauce.

Guacamole-Burger

Für 2 Burger · Vorbereiten: 20 Min. · Zubereiten: 10 Min.

Die Zutaten

klassische Buns (siehe S. 10) 2

Pattys

Sojajoghurt..................................... 2 EL
Mehl.. 4 EL
gemahlene Koriandersamen .... 1 Prise
gemahlene Kreuzkümmelsamen .. 1 Prise
Tempeh...100 g
Öl

Topping

rote Zwiebel, in Ringe geschnitten .... ½

Guacamole

Tomate 1
Limette... 1
Avocado .... 1 große
frischer Koriander .... 8 Stängel
Tabasco
Salz, Pfeffer

Variation

Mit einer Paprika-Sauce servieren.

Das Rezept

1. Für die Guacamole die Tomate würfeln. Die Limette auspressen. Die Avocado halbieren, entkernen und schälen. Mit einer Gabel zerdrücken, mit dem Limettensaft beträufeln und mit Salz würzen. Die Blätter vom Koriander zupfen, hacken und zugeben. Nach Geschmack mit einigen Spritzern Tabasco würzen und alles gut verrühren. Die fertige Guacamole mit Frischhaltefolie abdecken und kaltstellen.

2. Den Joghurt in einen tiefen Teller geben und mit Salz würzen. Das Mehl mit den Gewürzen auf einem weiteren Teller vermischen. Den Tempeh in 4 Scheiben schneiden und zunächst im Joghurt und dann im Mehl wenden. Das Öl in einer Pfanne erhitzen. Je nach Ölmenge die Pattys darin 2 Minuten frittieren oder 3 Minuten von jeder Seite braten. Mit Salz und Pfeffer würzen.

3. Die Buns durchschneiden und die Innenseiten toasten. Die unteren Hälften mit Guacamole bestreichen, dann mit Tempeh-Pattys und Zwiebelringen belegen. Mit den restlichen Bun-Hälften abschließen und sofort servieren.

Herzhafte Burger
mit Pfeffersauce

Für 2 Burger · Vorbereiten: 25 Min. · Zubereiten: 25 Min.

Die Zutaten

klassische Buns (siehe S. 10) 2

Pattys

fermentierter Räuchertofu ....200 g

in Olivenöl eingelegte rote
Paprika..100 g

Ei (oder 50 g Seidentofu) 1

geriebener Käse (zum Beispiel
Emmentaler, alternativ
2 EL Cashewmus)...........................50 g

Öl...2 TL

Pfeffersauce

Schalotte...1

frische oder getrocknete
grüne Pfefferkörner.......................1 EL

Butter ....10 g

Cognac..40 ml

Gemüsebrühe ....80 ml

Schlagsahne (klassisch
oder vegan) ....2 EL

mittelscharfer Senf ....1 EL

Salz

Das Rezept

1. Für die Sauce die Schalotte abziehen und in Ringe schneiden. Zwei Drittel der Pfefferkörner zerstoßen. Die Butter in einer Pfanne erhitzen und die Schalotte darin glasig dünsten. Den zerstoßenen Pfeffer zugeben, dann mit dem Cognac ablöschen. Wenn dieser verdampft ist, Brühe und Sahne zufügen und die Sauce einkochen. Mit Salz würzen. Sobald die Flüssigkeit vollständig verdampft ist, die restlichen Pfefferkörner zugeben.

2. Für die Pattys den Tofu mit einer Gabel zerdrücken. Die Paprika abtropfen, klein schneiden und mit Ei und Käse zum Tofu geben. Salzen und alles gut verrühren. Aus der Masse 2 Pattys formen, bei Bedarf einen Speisering zu Hilfe nehmen. Das Öl in einer Pfanne erhitzen und die Pattys darin 5 Minuten von jeder Seite braten.

3. Die Buns aufschneiden und die Innenseiten toasten. Die unteren Hälften mit Senf bestreichen, dann mit den Pattys belegen und mit der Pfeffersauce beträufeln. Mit den restlichen Hälften der Buns abschließen und sofort servieren. Dazu passen Pommes Frites aus Süßkartoffeln.

Hawaii-Burger

Für 6 Burger · Vorbereiten: 30 Min. · Zubereiten: 1 Std. 10 Min.

Die Zutaten

klassische Buns (siehe S. 10) 6

Pattys

Zwiebel 1
Karotten 2
grüne Linsen.................................. 140 g
Kräutersträußchen (Thymian,
Lorbeer, Sellerieblätter) 1
Gewürznelken 2
zerstoßene Koriandersamen .... 1 EL
Sternanis... 1
Hirse.. 60 g
Ingwerpflaumen........................... 120 g
Ei (oder 2 EL Sojajoghurt +
1 EL Cashewmus).................................. 1
Cashewmus (oder Sojajoghurt) .... 3 EL
Öl ....1 EL

Toppings

Ananas 1
Tomate .... 1 große
Eisbergsalat, zerzupft................2 Blätter

Sauce

Mayonnaise (siehe S. 9)................. 5 EL
Sriracha-Sauce.............................. 2 EL
Salz, Pfeffer

Das Rezept

1. Die Zwiebel abziehen. Karotten und Zwiebel in Würfel schneiden. Die Linsen unter fließend kaltem Wasser abspülen, mit dem dreifachen Volumen an Wasser in einen Topf geben und alles zum Kochen bringen. Kräuter, Gewürznelken, Koriandersamen, Sternanis, Karotten und Zwiebel zugeben und alles bei mittlerer Hitze und mit schräg aufgelegtem Deckel 45 Minuten köcheln lassen. Mit Salz und Pfeffer würzen. Die Linsen abgießen und abtropfen lassen. Sternanis und Nelken entfernen.

2. Inzwischen die Hirse nach Packungsangabe garen. Den Ingwer in kleine Würfel schneiden und etwas davon beiseitestellen. Die Ananas schälen. Von Ananas und Tomate je 6 feine Scheiben abschneiden.

3. 300 g Linsen pürieren, dann 100 g ganze Linsen, 150 g Hirse, Ingwer, Ei und Cashewmus zugeben. Mit Salz und Pfeffer würzen und alles gut verrühren. Das Öl in einer Pfanne erhitzen. Aus der Masse 6 Pattys formen und diese 5 Minuten von jeder Seite braten. Mayonnaise und Sriracha-Sauce verrühren. Mit Salz und Pfeffer würzen.

4. Die Buns durchschneiden und die Innenseiten toasten. Die unteren Hälften mit der Sauce bestreichen, dann mit Ananasscheiben, Linsen-Pattys, Salat, Tomatenscheiben und restlichem Ingwer belegen. Mit den oberen Hälften der Buns abschließen und sofort servieren.

Paprika-Burger
mit Mole-Sauce

Für 4 Burger · Vorbereiten: 25 Min. · Zubereiten: 1 Std.

Die Zutaten

glutenfreie Buns aus Maismehl
(siehe S. 12) 4

Pattys

geröstete rote Paprikastreifen .... 300 g
Seidentofu .... 100 g
Eier (oder 60 g Seidentofu +
4 EL Mehl) 2
Maisstärke .... 15 g

Toppings

Kopfsalat .... 4 Blätter
Balsamicoessig zum Sprühen
Röstzwiebeln .... 4 EL
geröstete Sesamsaat .... 4 TL
geröstete Erdnusskerne .... 4 TL
frischer Koriander, gehackt ...... 4 Stängel

Mole-Sauce

Sesamsaat .... 1 EL
geröstete Erdnusskerne .... 1 EL
Zimtpulver .... ½ TL
gemahlene Koriandersamen .... 1 TL
Gewürznelke 1
schwarze Pfefferkörner 6
Rosinen .... 1 EL
Zwiebel .... ½
Öl (neutrales oder Sesamöl) .... 2 EL
Tomate .... 1 große
getrocknete Chilischote .... 1 kleine
gerebelter Oregano .... ½ TL
Zartbitterschokolade .... 30 g

Das Rezept

1. Den Backofen auf 160 °C (Ober- und Unterhitze) vorheizen. Einige Paprikastreifen beiseitelegen. Den Rest mit dem Tofu zerdrücken. Die Eier verquirlen, dann mit der Maisstärke und etwas Salz unterrühren. Die Masse in 4 Silikonformen in der Größe der Buns füllen und 25 Minuten im Ofen backen. Die Pattys abkühlen lassen und aus der Form nehmen.

2. Für die Sauce Sesam, Erdnüsse, Zimt, Koriander, Nelke und Pfeffer in der Küchenmaschine oder im Standmixer pürieren. Rosinen und Zwiebel zugeben und nochmals pürieren. Das Öl in einer Pfanne erhitzen und die Mischung darin 5–10 Minuten braten. Die Tomate in Würfel schneiden und in die Pfanne geben. 400 ml Wasser zugießen. Chili und Oregano zufügen und bei geringer Hitze 20 Minuten köcheln lassen. Für eine etwas mildere Sauce die Chilischote entfernen, dann die Sauce glatt pürieren und bei Bedarf durch ein Sieb passieren. Die Schokolade einrühren und weiterköcheln, bis die Sauce eindickt.

3. Die Buns toasten und aufschneiden. Die unteren Hälften mit der Mole-Sauce bestreichen, dann mit den Salatblättern belegen und mit je 1–2 Pumpstößen Essig besprühen. Röstzwiebeln, Paprika-Pattys, Sesamsaat, Erdnüssen, Koriander und Paprikastreifen darüberlegen. Mit den restlichen Hälften der Buns abschließen und sofort servieren. Dazu passen frittierte Zwiebelringe im Teigmantel.

Pikanter Chili-Burger

Für 1 Burger · Vorbereiten: 20 Min. · Zubereiten: 25 Min.

Die Zutaten

klassischer Bun (siehe S. 10) 1

Patty

Lauchzwiebeln (nur Knollen) .... 1 Bund
Paprikaschoten (grün und rot) .... 30 g
Koriandersamen .... 1 TL
Kreuzkümmelsamen .... ½ TL
natives Olivenöl extra .... 2 TL
gerebelter Oregano .... 1 TL
Kidneybohnen (aus der Dose) .... 80 g
Maiskörner .... 30 g
Tomatenmark .... 2 TL
Ei (oder 1 EL Seidentofu) .... ½
Öl .... 2 EL
Maisgrieß .... 2 EL

Toppings

1 Lauchzwiebel (nur Knolle) 1
Tomate .... 2 dünne Scheiben
Sandwichkäse (optional) .... 1 Scheibe
frischer Koriander .... 1 Stängel

Sauce

Mayonnaise (siehe S. 9) .... 2 TL
Chilisauce .... 1 EL
Salz, Pfeffer

Das Rezept

1. Die Knollen der Lauchzwiebeln und die Paprika würfeln. Koriander- und Kreuzkümmelsamen zerstoßen. Das Olivenöl in einer Pfanne erhitzen. Gemüse, Koriander- und Kreuzkümmelsamen sowie Oregano hineingeben, salzen und pfeffern und 5–10 Minuten braten. Die Kidneybohnen mit einer Gabel grob zerdrücken. Mit Mais und Tomatenmark in die Pfanne geben. Mit Salz und Gewürzen abschmecken. Das Ei sorgfältig unterrühren.

2. 1 Esslöffel Öl in einer kleinen Pfanne erhitzen. Die Bohnenmasse mit einem Spatel in derselben Größe des Buns in die Pfanne geben. Mit 1 Esslöffel Maisgrieß bestreuen. Den Patty wenden, mit dem übrigen Maisgrieß bestreuen und weitere 15 Minuten bei mittlerer Hitze garen, zwischendurch nochmals wenden. Zwischenzeitlich die Zwiebel für das Topping in Ringe schneiden. Das restliche Öl in einer weiteren Pfanne erhitzen und die Zwiebel darin braten. Mayonnaise und Chilisauce nach Geschmack verrühren. Mit Salz und Pfeffer abschmecken.

3. Den Bun durchschneiden und die Innenseiten toasten. Die untere Hälfte mit Chili-Mayonnaise bestreichen, dann mit Tomatenscheiben, Bohnen-Patty, Käse, Zwiebelringen und Koriander belegen. Mit der oberen Hälfte des Buns abschließen und sofort servieren. Dazu passen gegrillte junge Maiskolben.

Miniburger mit Kürbis

Ergibt 8 Mini-Burger · Vorbereiten: 20 Min. · Zubereiten: 55 Min.

Die Zutaten

glutenfreie Buns mit Quinoa- und Kastanienmehl sowie Kürbiskernen 8

Pattys

Quinoa...................................100 g
Gemüsebrühe .... ½ Würfel
Hokkaidokürbis............................200 g
geriebener Käse (optional, zum Beispiel Emmentaler).............. 60 g
Ingwerpulver....................................1 TL
Ei (oder 4 EL normales oder glutenfreies Mehl) 1

Toppings

Käse nach Wahl (optional) ....3 Scheiben
Cornichons 2
Kopfsalat, zerzupft ....3 Blätter

Sauce

frischer Kerbel .... 8 Stängel
frischer Estragon.............1 kleiner Zweig
Mayonnaise .... 4 EL
Salz, Pfeffer

Variation

Ersetzen Sie das Ingwerpulver durch 1 Messerspitze geriebene Muskatnuss.

Das Rezept

1. Die Quinoa unter fließend kaltem Wasser abspülen. Das doppelte Volumen gesalzenes Wasser mit dem Brühwürfel zum Kochen bringen, die Quinoa hineingeben und ohne Deckel köcheln lassen. Inzwischen den Kürbis raspeln. Nach 15 Minuten zur Quinoa geben und weitere 20 Minuten köcheln lassen. Bei Bedarf etwas Wasser zugeben.

2. Den Backofen auf 175 °C (Ober- und Unterhitze) vorheizen. Quinoa und Kürbis sollten nun gar sein und das gesamte Kochwasser aufgesogen haben. Den Herd ausschalten und die Masse 10 Minuten bei geschlossenem Deckel ziehen lassen. Geriebenen Käse, Ingwer und Ei zur Quinoa geben und mit Salz und Pfeffer würzen. Die Masse in 8 kleine Formen in der Größe der Brötchen füllen und 15–20 Minuten im Ofen garen. 5 Minuten abkühlen lassen, dann die Pattys aus der Form nehmen und mit Käsescheiben belegen.

3. Inzwischen die Kerbel- und Estragonblätter hacken und mit der Mayonnaise verrühren. Die Cornichons in feine Scheiben schneiden.

4. Die Buns aufschneiden und die unteren Hälften mit der Kräutermayonnaise bestreichen. Mit der Hälfte der Cornichons und den Quinoa-Pattys belegen. Die Salatblätter mit den übrigen Cornichons darauf verteilen. Mit den oberen Bunhälften abschließen und die Burger mit Krautsalat servieren.

Miniburger
mit paniertem Mozzarella und Tomaten

Ergibt 10 Mini-Burger · Vorbereiten: 20 Min. · Zubereiten: 10 Min.

Die Zutaten

Mini-Buns..10

Pattys

Mozzarella ....400 g
Eier (oder 100 g Seidentofu)...............2
Mehl zum Panieren......... 1 kleine Schale
Semmelbrösel
zum Panieren................. 1 kleine Schale
natives Olivenöl extra......................2 EL

Toppings

Cocktailtomaten 8
frisches Basilikum .... 10 Blätter

Sauce

Mayonnaise mit Olivenöl................. 5 EL
Salz, Pfeffer oder Chiliflocken

Beilagen

Dazu passen Mais-Chips: Den Backofen auf 200 °C (Ober-
und Unterhitze) vorheizen. 600 ml gesalzenes Wasser mit
4 Esslöffeln Olivenöl zum Kochen bringen. 110 g Maisgrieß
einrieseln lassen und rühren, bis eine zähe Polenta entsteht.
4 Esslöffel frisch gehacktes Basilikum einrühren. Die Polenta
auf 2 Bögen Backpapier verteilen und mit 2 weiteren
Bögen Backpapier abdecken. Mit dem Teigroller sehr dünn
ausrollen, dann das obere Backpapier abnehmen. Mit einem
Pizzaschneider Chips ausschneiden und auf einem mit
Backpapier ausgelegten Blech 20–30 Minuten im
Ofen knusprig backen.

Das Rezept

1. Die Cocktailtomaten in 30 dünne Scheiben schneiden. Aus dem Mozzarella 10 quadratische Scheiben zuschneiden. Die Eier in einem tiefen Teller verquirlen. Die Quadrate zuerst im Mehl, dann im Ei und zum Schluss in den Semmelbröseln wenden. Den Vorgang zweimal wiederholen. Den restlichen Mozzarella in einem anderen Gericht weiterverwenden.

2. Das Olivenöl in einer Pfanne erhitzen. Die Mozzarella-Pattys 3 Minuten von jeder Seite darin braten. Mit Salz und Pfeffer würzen. Der Käse sollte nun geschmolzen sein.

3. Inzwischen die Mini-Buns aufschneiden und die Innenseiten toasten. Die unteren Hälften mit Mayonnaise bestreichen, dann mit Tomaten-scheiben, Basilikum und Pattys belegen. Mit den oberen Hälften der Buns abschließen und sofort servieren.

Burger mit pochiertem Ei

Für 2 Burger · Vorbereiten: 25 Min. · Zubereiten: 25 Min.

Die *Zutaten*

Vollkorn-Buns 2

Pattys
heller Essig................................. 100 ml
frische Eier 2

Toppings
Räuchertofu....... 2 Scheiben (insg. 30 g)
Schnittlauch .... 2 Halme

Sauce Hollandaise
Butter... 125 g
Eigelb 2
Saft von 1 Zitrone
Salz, Pfeffer

Das *Rezept*

1. Für die Sauce Hollandaise die Butter in einem Topf zerlassen und den Schaum abschöpfen. Die Eigelbe mit 1 Esslöffel Wasser in einem zweiten Topf oder über einem Wasserbad bei geringer Hitze rühren, bis die Mischung eindickt. Vom Herd nehmen und die Butter nach und nach unter ständigem Rühren zugießen, dabei die von der Butter getrennte Molke am Topfboden belassen. Mit Zitronensaft, Salz und Pfeffer würzen.

2. Den Backofengrill vorheizen. Für die pochierten Eier einen Topf mit 1 Liter ungesalzenem Wasser erhitzen und den Essig zugießen. Knapp unter dem Siedepunkt simmern lassen. 1 Ei in eine Tasse schlagen. Mit einem Löffel das Wasser kräftig umrühren, bis ein Strudel entsteht, dann das Ei mittig hineingeben. Das Eiweiß kurz stocken lassen, dann mit dem Löffel vorsichtig umrühren, sodass das Eigelb mit Eiweiß „umwickelt" wird. Das Ei 3 Minuten pochieren, dann mit einer Schaumkelle herausnehmen und auf Küchenpapier abtropfen lassen. Mit dem zweiten Ei ebenso verfahren. Inzwischen die Tofuscheiben im Backofengrill garen.

3. Die Buns aufschneiden und toasten. Die unteren Hälften mit Tofuscheiben und Eiern belegen. Mit der Sauce beträufeln und mit dem Schnittlauch bestreuen. Mit den restlichen Bun-Hälften abschließen und sofort servieren. Dazu schmecken Salat und Kartoffeln.

Spanischer Burger

Für 1 Burger · Vorbereiten: 25 Min. · Zubereiten: 20 Min.

Die Zutaten

klassischer Bun (siehe S. 10)............... 1

Patty

Kartoffel .... 1 große
Knoblauch ....2 Zehen
natives Olivenöl extra..................250 ml
Zwiebel.....................................1 kleine
Eier (oder 80 g Seidentofu +
2 EL Kichererbsenmehl)........................ 2

Toppings

Tomate ....2 Scheiben
Kopfsalat.....................................1 Blatt

Sauce

Ketchup.. 1 EL
Salz, Pfeffer

Das Rezept

1. Für die Tortilla die Kartoffel schälen und hobeln. Den Knoblauch abziehen. 50 ml Öl in einer kleinen Pfanne erhitzen und die Knoblauchzehen darin anschwitzen. Dann das restliche Öl zugeben und die Kartoffelscheiben bei mittlerer Hitze darin frittieren. Die Zwiebel abziehen, hacken und nach 5 Minuten in die Pfanne geben. Weitere 5 Minuten garen, bis die Kartoffel gar, aber noch nicht gebräunt ist. Kartoffel und Zwiebel vorsichtig aus der Pfanne heben und abtropfen lassen, das Öl jedoch aufbewahren. Den Knoblauch entsorgen.

2. Die Eier verquirlen und großzügig mit Salz und Pfeffer würzen. Dann vorsichtig mit Kartoffeln und Zwiebel verrühren. Etwas von dem bereits verwendeten Öl in eine Blini-Pfanne geben. Die Kartoffelmasse hineingeben und abgedeckt 5–10 Minuten braten. Sobald die Oberseite zu stocken beginnt, die Tortilla wenden und weitere 2–3 Minuten braten.

3. Den Bun durchschneiden und die Innenseiten toasten. Die untere Hälfte mit Ketchup bestreichen, dann mit Tomatenscheiben, Salat und Tortilla belegen. Mit der oberen Hälfte des Buns abschließen und sofort servieren.

Camembert-Burger

Für 1 Burger (zum Teilen für 2–4 Personen) · Vorbereiten: 5 Min.

Die Zutaten

klassischer Bun (siehe S. 10) 1

Toppings

Camembert (nicht zu weich) 1
säuerlicher Apfel .... ¼
Zitrone 1
gemischter Blattsalat .... 1 Handvoll

Sauce

Mayonnaise (siehe S. 9) .... 1½ EL
Piccalilli (eingelegtes
Senfgemüse) .... 1½ EL
Salz, Pfeffer

Das Rezept

1. Die Rinde vom Camembert großzügig abschneiden. Den Apfel entkernen, in dünne Spalten schneiden und mit dem Zitronensaft beträufeln.

2. Mayonnaise und Piccalilli verrühren. Mit Salz und Pfeffer würzen.

3. Den Bun durchschneiden und die Innenseiten toasten. Beide Hälften mit der Sauce bestreichen, dann eine Hälfte mit Salat, Camembert und Apfelspalten belegen. Mit Pfeffer würzen und mit der anderen Hälfte des Buns abschließen. Sofort servieren.

Variation

Sie können die abgeschnittene Käserinde auch panieren oder durch Ausbackteig ziehen und frittieren.

Blätterteig-Burger
mit Maronen und Champignons

Für 4 kleine Burger · Vorbereiten: 25 Min. · Zubereiten: 35 Min.

Das Rezept

1. Den Backofen auf 200 °C (Ober- und Unterhitze) vorheizen. Den Blätterteig ausrollen und 4 Kreise à 7 cm Durchmesser ausschneiden. Auf ein mit Backpapier ausgelegtes Backblech legen und 15 Minuten im Ofen backen.

2. Die Schalotte abziehen und die Champignons putzen. Schalotte und Champignons hacken. Die Butter in einer Pfanne erhitzen und das Gemüse darin anschwitzen. Mit Salz und Pfeffer würzen und 10 Minuten braten. Den Knoblauch abziehen und pressen, die Maronen klein schneiden. Sobald die Flüssigkeit verdampft ist, Wein und Knoblauch in die Pfanne geben. 2–3 Minuten weitergaren, dann die Pfanne vom Herd nehmen. Maronen, Mandelmus (oder Sojajoghurt) und Petersilie unterrühren. Mit Salz und Pfeffer würzen.

3. Aus der Masse 8 Pattys in der Größe der Blätterteigkreise formen. Den Käse entsprechend rund zuschneiden. Jeden Blätterteig-Bun in 3 Scheiben brechen.

4. Die Burger in folgender Reihenfolge belegen. 1 Blätterteig-Scheibe, 1 Patty, 1 Käsescheibe, 1 Blätterteig-Scheibe, 1 Patty, 1 Käsescheibe und 1 Blätterteig-Scheibe zum Abschluss. Mit den anderen 3 Burgern ebenso verfahren. 5 Minuten bei 180 °C im Ofen erhitzen, bis der Käse geschmolzen ist. Sofort servieren.

Die Zutaten

Blätterteigrolle (aus dem Kühlregal).... ½

Pattys

Schalotte................................... 1 große
Champignons .... 300 g
Butter....................................... 20 g
Knoblauch .... 2 Zehen
gegarte Maronen .... 150 g
Weißwein.................................. 50 ml
Mandelmus (oder Sojajoghurt)...... 100 g
frische Petersilie, gehackt........ 8 Stängel

Toppings

schnittfester Käse.................. 4 Scheiben
Salz, Pfeffer, Piment

Variation

Ersetzen Sie die Käsescheiben durch klein geschnittenen Blauschimmelkäse wie zum Beispiel Roquefort. Anstatt Mandelmus können Sie auch ein selbstgemachtes Püree aus 50 g Walnusskernen und 50 g Sojajoghurt verwenden.

Buchweizen-Burger
mit Blauschimmel

Für 2 Burger · Vorbereiten: 20 Min. · Zubereiten: 5 Min.

Die
Zutaten

glutenfreie Buns aus Buchweizen-
und Kastanienmehl (siehe S. 12) 2

Pattys

Buchweizen .... 4 EL
Radieschen....................................... 75 g
Knollensellerie................................. 50 g
Schalotte....................................1 kleine
milder Blauschimmelkäse
(oder fermentierter Tofu) .... 100 g
Walnusskerne .... 50 g
Schnittlauch, gehackt .... 6 Halme

Toppings

feste Birne.. ½
Himbeeressig oder
Orangensaft........................... 1 Spritzer
Salz, Pfeffer

Variationen

• Belegen Sie die Burger zusätzlich mit etwas Feldsalat.
• Ersetzen Sie die Birne durch in Streifen
geschnittene Feigen oder Trauben.
• Für eine leichtere Variante bereiten Sie die Pattys
aus 50 g Käse und 50 g fermentiertem Tofu zu.

Das
Rezept

1. Den Buchweizen einige Minuten ohne Fettzugabe in der Pfanne rösten. 2 Esslöffel für das
Topping beiseitestellen. Die Radieschen putzen.
2 Stück in dünne Scheiben schneiden und für das
Topping beseitelegen. Den Knollensellerie schälen
und klein schneiden. Die Schalotte abziehen
und grob hacken. Den Käse klein schneiden.
Buchweizen, Sellerie, Radieschen und Nüsse in die
Küchenmaschine oder in den Standmixer geben
und nicht zu fein mixen. Die Masse sollte noch
leicht stückig sein. Mit Salz und Pfeffer würzen.
Käse und Schnittlauch zugeben und mit dem Mixer
zu einer gleichmäßigen Paste verarbeiten.

2. Die Birne schälen, entkernen und in feine Spalten schneiden. Mit Himbeeressig oder Orangensaft
beträufeln.

3. Die Buns toasten und durchschneiden. Die
unteren Hälften mit der Käsemasse bestreichen,
dann mit Birnenspalten und Radieschenscheiben
belegen. Mit dem restlichen Buchweizen bestreuen.
Mit Salz und Pfeffer würzen, die oberen Hälften
auflegen und sofort servieren.

Venezianische Burger
mit Polenta

Für 4 Personen · Vorbereiten: 20 Min. · Zubereiten: 20 Min. · Ruhen: 1 Std.

Die Zutaten

Ciabatta-Brote (siehe S. 14) 4

Pattys

getrocknete Tomaten
in Öl .... 60 g + 2 EL vom Öl
schwarze Oliven ohne Stein .... 40 g
Grana Padano.................................. 60 g
gerebelter Oregano.......................... 1 TL
Maisgrieß .... 70 g
natives Olivenöl extra........................ 2 TL

Toppings

Tomate 1
grüne Paprika 1

Sauce

Mayonnaise mit Olivenöl................. 4 EL
grünes Pesto................................... 3 EL
Salz, Pfeffer oder Chilipulver

Das Rezept

1. Die getrockneten Tomaten hacken, die Oliven in Scheiben schneiden und den Käse reiben.

2. 500 ml gesalzenes Wasser mit Oregano und Das Öl von den eingelegten Tomaten in einem Topf zum Kochen bringen. Den Maisgrieß einrieseln lassen und ununterbrochen rühren, bis die Masse zu einer Polenta eindickt. Tomaten, Oliven und Käse unterrühren. Mit Salz und Pfeffer würzen.

3. Die Polenta in eine quadratische Form (18 cm Seitenlänge) geben und glatt streichen. Mit Frischhaltefolie abdecken und mindestens 1 Stunde in den Kühlschrank stellen.

4. Die Polenta in 4 gleich große Quadrate schneiden. Das Olivenöl in einer Pfanne erhitzen und die Quadrate von beiden Seiten goldgelb braten. Mayonnaise und Pesto verrühren. Mit Salz und Pfeffer würzen.

5. Die Tomate in dünne Scheiben, die Paprika in feine Streifen schneiden. Die Ciabatta-Brote durchschneiden und die Innenseiten toasten. Mit der Pesto-Mayonnaise bestreichen. Die unteren Hälften mit je 1–2 Tomatenscheiben, Paprikastreifen und 1 Patty belegen. Mit den oberen Hälften abschließen und sofort servieren.

Griechische Burger
mit Spinat

Für 4 Burger · Vorbereiten: 20 Min. · Zubereiten: 30 Min.

Die Zutaten

Pita-Brote (12 cm Durchmesser)
(siehe S. 15) 4

Pattys

Schalotte.................................... 1 große
natives Olivenöl extra...................... 1 EL
Pinienkerne ....50 g
junger Blattspinat.......................350 g
Feta (oder Tofu)...........................100 g
geriebene Muskatnuss.............. 2 Prisen
gerebelter Oregano..........................1 TL
Ei (oder 3 EL Sojajoghurt +
2 TL Mehl) .... 1 großes

Toppings

Tomate 1
Salatgurke...¼
grüne Weintrauben 10

Sauce

Mayonnaise mit Olivenöl
und Zitronensaft .... 4 EL
Salz, Pfeffer beziehungsweise
Chilipulver

Das Rezept

1. Den Backofen auf 160 °C (Ober- und Unterhitze) vorheizen.

2. Die Schalotte abziehen und hacken. Das Öl in einer Pfanne erhitzen. Schalotte und Pinienkerne darin 5 Minuten braten. Einige Spinatblätter für das Topping beiseitelegen, dann den restlichen Spinat in die Pfanne geben. Mit Salz und Pfeffer würzen und weitergaren, bis der Spinat zusammenfällt. Den Feta kleinschneiden und mit Muskatnuss, Oregano und Ei zum Spinat geben. Alles gut verrühren, dann die Masse in 8 kleine Silikonformen (à 100 ml Volumen) füllen und 15–20 Minuten im Ofen backen. Den Ofen ausschalten, die fertigen Pattys herausnehmen und die Pita-Brote zum Aufwärmen hineinlegen. Die Pattys abkühlen lassen und aus der Form nehmen.

3. Von der Tomate 4 feine Scheiben, von der Salatgurke 12 feine Scheiben abschneiden. Die Weintrauben vierteln und bei Bedarf entkernen.

4. Die Pita-Brote durchschneiden. Die unteren Hälften mit der Mayonnaise bestreichen. Mit Tomaten- und Gurkenscheiben sowie dem restlichen Spinat belegen. Mit Pfeffer oder Chilipulver würzen, dann Pattys und Weintrauben darauf verteilen. Mit den oberen Pita-Hälften abschließen und sofort servieren.

Waffel-Burger

Für 6 Burger · Vorbereiten: 40 Min. · Zubereiten: 55 Min.

Die Zutaten

Waffeln (etwa 8 x 10 cm)

Zwiebel 1
Kartoffeln .... 1 kg
Eier (oder 100 g Sojajoghurt + 1 EL
Weizenmehl + 1 Prise Backpulver) 3
Mehl .... 120 g
helles Bier .... 250 ml

Gemüse-Pattys

Gemüsebrühwürfel .... ½
Butter .... 40 g
Weizenmehl .... 40 g
geriebener Emmentaler
(oder 3 EL Cashewmus) .... 120 g
Muskatnuss .... 1 Prise
Eier (oder 100 g Sojajoghurt +
1 EL Speisestärke) 2
Gemüse, gebraten (Zucchini,
Paprika, Auberginen, Zwiebeln) ...... 500 g
Semmelbrösel .... 4 EL

Toppings

frische Sprossen (optional) ..... 4 Handvoll
junger Spinat .... 2 Handvoll
Tomate 1

Sauce

frische gemischte Kräuter (Estragon,
Petersilie, Kerbel, Schnittlauch) 1
Frischkäse 2
milder Senf .... 4 EL
Salz, Pfeffer

Das Rezept

1. Den Backofen auf 175 °C (Ober- und Unter-hitze) vorheizen. Die Brühe in 350 ml Wasser auflösen. Die Butter in einem Topf zerlassen. Das Mehl zugeben und schaumig rühren. Die Brühe unter ständigem Rühren zugießen, dann zum Kochen bringen. 1 Minute köcheln lassen, dabei weiterrühren. Den Topf vom Herd nehmen und nacheinander Käse, Muskatnuss und Eier einarbeiten. Gemüse und Semmelbrösel vorsichtig unterheben. Mit Salz und Pfeffer würzen. Die Masse in 12 Silikonformen à 5 cm Durchmesser füllen und 15–20 Minuten im Ofen backen. Abkühlen lassen und aus der Form nehmen.

2. In der Zwischenzeit das Waffeleisen vorheizen. Die Zwiebel schälen und in feine Streifen schnei-den. Die Kartoffeln schälen, reiben und mit den Händen auspressen. Zwiebel, Kartoffeln und Eier vermengen, dann Mehl und Bier einarbeiten. Mit Salz und Pfeffer würzen. Die Waffeln portionsweise jeweils 10 Minuten im Waffeleisen garen. Die Masse sollte 12 Waffeln ergeben.

3. Für die Sauce die Kräuter hacken. Mit Frisch-käse und Senf verrühren. Mit Salz und Pfeffer abschmecken.

4. 6 Waffeln mit der Sauce bestreichen. Sprossen und Spinat darauf verteilen. Mit je 2 Pattys und 1 Tomatenscheibe belegen, dann mit den restlichen Waffeln abschließen. Sofort servieren.

Tomaten-Burger

Für 8 Burger · Vorbereiten: 10 Min. · Zubereiten: 15 Min.

Die Zutaten

Tomaten...8

Pattys

vegetarische Steaks
(zum Beispiel aus Tofu oder Soja-
schnetzel) in der Größe der Tomaten 8

Toppings

Knoblauch ....2 Zehen
Kräuter der Provence .... 1 EL
Öl zum Sprühen
Käse......................................8 Scheiben
frisches Basilikum, gehackt .... 16 Blätter
Salz, Pfeffer

Variation

Verwenden Sie kleine Tomaten. Ersetzen Sie die
Käsescheiben und vegetarischen Steaks durch jeweils
50 g Ziegenkäse und beträufeln Sie diesen mit etwas
Akazienhonig. Statt Basilikum verwenden Sie Rosmarin.

Das Rezept

1. Den Backofen auf 200 °C (Ober- und Unterhitze) vorheizen. Von den Tomaten die „Deckel"
abschneiden. Den Knoblauch abziehen, zerdrücken
und mit den Kräutern der Provence auf den
Tomaten verteilen. Mit Salz und Pfeffer würzen. Mit
etwas Öl besprühen und auf ein mit Backpapier
ausgelegtes Blech legen. Die Steaks und Deckel der
Tomaten mit der Schnittseite nach unten ebenfalls
aufs Blech legen. 10–15 Minuten im Ofen backen.

2. Aus dem Ofen nehmen. Den Käse auf die
Größe der Tomaten zuschneiden. Die Tomaten
mit Käsescheiben und Steaks belegen. Mit dem
Basilikum bestreuen und die Deckel aufsetzen.
Sofort servieren. Dazu passen Chips aus Gemüse
oder Kartoffeln.

Raw-Burger

Für 4 Burger · Vorbereiten: 15 Min. · Ruhen: 3 Std.

Die Zutaten

Buns

weiße Champignons zum Füllen....8 große
Knoblauch ....2 Zehen
Chilischote ....1 kleine
Sojasauce............................... 3 EL
Mirin (süßer Reiswein) .... 6 EL
weißer Balsamicoessig .... 3 EL
Sesamöl .... 1 EL

Pattys

ganze Mandeln ....50 g
Radieschen..................................100 g
Karotten ....100 g

Toppings

Avocado 1
Zitrone.. 1
rote Zwiebel.....................................½
frischer Koriander,
grob gehackt .... 4 Stängel
Salz, Pfeffer

Variationen

• 4 Esslöffel Chiasamen 15 Minuten in 4 Esslöffeln Wasser
quellen lassen, dann mit dem restlichen Gemüse mixen.
• Die Champignonköpfe vor dem Belegen
mit Mayonnaise bestreichen.

Das Rezept

1. Die Champignons putzen und die Stiele entfernen (für ein anderes Gericht aufheben). Den Knoblauch abziehen und zerdrücken. Die Chilischote entkernen und sehr klein schneiden. Sojasauce, Mirin, Balsamicoessig, Öl, Knoblauch und Chili verrühren. Die Champignonköpfe mindestens 3 Stunden darin marinieren und gelegentlich wenden.

2. Die Mandeln mit der Küchenmaschine oder im Standmixer grob zerkleinern. Radieschen und Karotten putzen, in Stücke schneiden und zu den Mandeln geben. Zu einer glatten Paste pürieren, dann mit Salz und Pfeffer würzen. Mit einem Speisering 4 Pattys aus der Masse formen.

3. Die Avocado schälen, in Scheiben schneiden und mit Zitronensaft beträufeln. Die Zwiebel abziehen und in Ringe schneiden.

4. Die Champignons abtropfen lassen. 4 Stück mit Avocadoscheiben und etwas Koriander belegen. Mit Salz und Pfeffer würzen, dann mit Pattys und Zwiebelringen belegen. Mit den restlichen Champignonköpfen abschließen und sofort servieren.

Mini-Burger
mit Süßkartoffel und Sesam

Für 10 Mini-Burger · Vorbereiten: 35 Min. · Zubereiten: 40 Min.

Das Rezept

1. 250 ml gesalzenes Wasser erhitzen. Die Haferflocken damit übergießen und abgedeckt 15 Minuten quellen lassen. Inzwischen eine Pfanne erhitzen und den Sesam ohne Fettzugabe darin rösten. Die Rüben raspeln und überschüssige Flüssigkeit auspressen. Den Backofen auf 200 °C (Ober- und Unterhitze) vorheizen.

2. Haferflocken, Rüben und Sesam zu einem Teig verrühren und auf ein Stück Backpapier geben. Mit einem weiteren Stück Backpapier abdecken und die Masse mit dem Teigroller dünn ausrollen. Das obere Papier abziehen und 20 runde Cracker à 5–6 cm Durchmesser ausstechen. Der überstehende Teig muss nicht entfernt werden.

3. Die Cracker 20 Minuten im Ofen knusprig backen. Herausnehmen und die Cracker vom restlichen Teig trennen. Sind sie noch zu weich, geben Sie sie nochmals für einige Minuten bei 170 °C in den Ofen.

4. Inzwischen den Koriander hacken. Die Süßkartoffeln schälen und in große Stücke schneiden. Mit etwas Wasser in einem Topf 20 Minuten dämpfen, dann mit einer Gabel zerdrücken. Tofu, Käse, Mehl und Koriander einarbeiten und mit Salz, Pfeffer und Muskat würzen. Die Masse in eine Muffinform aus Silikon in derselben Größe der Cracker geben und 20 Minuten im Ofen backen.

Die Zutaten

Sesamcracker

zarte Haferflocken	100 g
Sesamsaat	3 EL
+ etwas mehr zum Bestreuen	
Speiserüben	200 g

Pattys

Koriander	1 kleines Bund
Süßkartoffeln	270 g
Seidentofu	110 g
geriebener Emmentaler (optional)	60 g
Kichererbsenmehl	30 g
Muskatblüte oder Muskatnuss	1 Prise

Sauce

Mayonnaise (siehe S. 9)	2 EL
Wasabipaste	nach Geschmack
Salz, Pfeffer	

5. Mayonnaise mit Wasabi verrühren und die Hälfte der Cracker damit bestreichen. Mit den Pattys belegen, dann mit etwas Sesam bestreuen und mit den restlichen Crackern abschließen. Sofort servieren.

Burger mit Räuchertofu

Für 2 Burger · Vorbereiten: 25 Min. · Zubereiten: 15 Min.

Die Zutaten

klassische Buns (siehe S. 10) 2

Pattys

Ei (oder 3 EL Sojajoghurt) 1
Mehl .... 4 EL
Semmelbrösel .... 5 EL
Räuchertofu............................250 g
Öl ....1 EL

Toppings

Schnittlauch .... 4 Halme
schwarzer Rettich ....1 Stück (3 cm)
frische Rote Bete................................. ¼
Chicorée... ¼
Himbeeressig...................................1 TL

Sauce

Lauchzwiebel 1
rosa Pfefferkörner ....1 TL
Mayonnaise (klassisch o. vegan) ..... 2 EL
Salz, Fleur de Sel, bunte Pfefferkörner

Das Rezept

1. Das Ei verquirlen und salzen. Ei, Mehl und Semmelbrösel jeweils in einen tiefen Teller geben. Den Tofu halbieren, sodass 2 Steaks entstehen. Die Steaks zuerst im Mehl, dann im Ei und zum Schluss in den Semmelbröseln wenden. Das Öl in einer Pfanne erhitzen. Die Steaks 5–8 Minuten von jeder Seite braten.

2. Inzwischen Lauchzwiebel und Schnittlauch separat hacken. Den Rettich in feine Scheiben hobeln. Rote Bete und Chicorée in feine Streifen schneiden.

3. Die Buns durchschneiden und die Innenseiten toasten. Den rosa Pfeffer zerstoßen und mit Mayonnaise und Lauchzwiebel verrühren. Die unteren Hälften damit bestreichen, dann mit Rettich, Pattys sowie Chicorée und Rote Bete belegen. Mit Schnittlauch bestreuen, dann mit Fleur de Sel, Pfeffermischung und Himbeeressig verfeinern. Mit den oberen Hälften der Buns belegen und sofort servieren. Dazu passen Pommes Frites aus Roter Bete und Knollensellerie.

Variation

Verrühren Sie die Mayonnaise mit klein geschnittenem Roquefort.

Gemüseburger
Double Cheese

Für 2 Burger · Vorbereiten: 25 Min. · Zubereiten: 15 Min.

Die Zutaten

klassische Buns (siehe S. 10 mit
Fenchel- oder Kümmelsamen) 2

Pattys

Zwiebel 1
Karotte 1
Speiserübe 1
Kartoffel ....1 kleine
Fenchelknolle ....1 kleine
Ei (oder 100 g Sojajoghurt +
1 TL Speisestärke) 1
Mehl .... 2 EL
Öl ....1 EL

Toppings

Sandwichkäse ....4 Scheiben
Tomate ....2 Scheiben
milde Zwiebel .... ¼

Sauce

Mayonnaise (siehe S. 9)................. 2 EL
Piccalilli (eingelegtes Senfgemüse)
oder Gewürzsenf............................. 1 EL

Salz, Pfeffer

Das Rezept

1. Die Zwiebel in feine Streifen schneiden. Karotte, Rübe und Kartoffel schälen und nicht zu fein raspeln. Den Fenchel putzen und ebenfalls raspeln. Das Fenchelgrün beiseitestellen. Das geraspelte Gemüse ausdrücken und mit Zwiebel, Ei und Mehl vermischen. Mit Salz und Pfeffer würzen. Mit der Hand oder einem Speisering 4 Pattys formen, die etwas kleiner sind als die Buns.

2. Das Öl in einer Pfanne erhitzen. Die Gemüse-Pattys hineingeben, andrücken und 5–8 Minuten von jeder Seite braten. Kurz vor Ende der Garzeit mit den Käsescheiben belegen.

3. Die Buns durchschneiden und die Innenseiten toasten. Mayonnaise mit Senf verrühren und die unteren Hälften damit bestreichen. Mit Tomatenscheiben, Pattys, Zwiebelstreifen und nach Geschmack mit Fenchelgrün belegen. Mit den oberen Bun-Hälften abschließen und sofort servieren.

Variation

Mit Chips und frittiertem Fenchelgrün servieren.

Kartoffel-Burger

Für 2 Burger · Vorbereiten: 25 Min. · Zubereiten: 1 Std. 10 Min.

Die Zutaten

Kartoffelpuffer

festkochende Kartoffeln..... 4 mittelgroße
Zwiebel......................................½ kleine
Butter (oder Margarine)..................60 g

Pattys

Seitan...250 g

Toppings

Tomate 1
Cornichons 2
Kopfsalat...................................4 Blätter

Salz, Pfeffer

Tipp

Reichen Sie dazu Senf.

Das Rezept

1. Den Backofen auf 200 °C (Ober- und Unterhitze) vorheizen. Die Kartoffeln schälen und in Scheiben hobeln. Die Zwiebel abziehen und in feine Streifen schneiden.

2. Die Butter zerlassen. 4 Tortelettformen (mit glattem Rand) großzügig damit einfetten. 8 Kreise Backpapier in der Größe der Form zuschneiden. Je 1 Kreis in die Formen legen und mit der Butter bestreichen.

3. Je eine Lage Kartoffelscheiben kranzförmig in die Formen legen und einige Zwiebelstreifen darauf verteilen. Mit Salz und Pfeffer würzen und mit Butter bestreichen. Mit den Zutaten wie beschrieben zwei weitere Lagen schichten und mit den restlichen Backpapierkreisen abschließen. Auf jede Form eine weitere, leere Form auflegen, um die Puffer etwas anzudrücken. 1 Stunde im Ofen garen.

4. Den Seitan in 4 Scheiben schneiden und grillen (im Backofengrill oder auf dem Grill). Die Tomate in Scheiben schneiden. Die Cornichons längs in Scheiben schneiden.

5. 2 Kartoffelpuffer mit je 1 Salatblatt, Tomaten, Cornichons und 2 Seitan-Pattys belegen, Mit Salz und Pfeffer würzen. Je 1 weiteres Salatblatt daraufgeben und mit den restlichen Kartoffelpuffern abschließen. Sofort servieren.

Burger mit Kohlvariation

Für 4 kleine Burger · Vorbereiten: 30 Min. · Zubereiten: 35 Min. · Ruhen: 1 Std. 30 Min.

Die Zutaten

Das Rezept

Buns

Butter (oder Margarine)	60 g
getrocknete Algen (Dulse, Meerlattich)	2 EL
Mandelblättchen	25 g
Teig für klassische Buns	240 g
Ei (oder 1 EL Sojajoghurt)	1

Pattys

Porree	1 Stück (6 cm)
Butter (oder Margarine)	20 g
knackig gegarte Kohlröschen (Blumenkohl, Romanesco, Brokkoli)	360 g
geriebene Muskatnuss	1 Prise
Mehl	2 EL
Mandelmus	35 g
Ei (oder 2 EL Sojajoghurt oder 2 TL Speisestärke)	1 großes

Toppings

fruchtig-milder Schnittkäse (optional)	100 g
Tomate	1 kleine
Frisée-Salat, zerzupft	1 Blatt
Salz, Pfeffer	

Sauce

Mayonnaise (klassisch o. vegan)	2 EL
Tomatenmark	2 TL

---

1. Die Butter mit den Algen in einem Topf zerlassen. Abkühlen lassen, bis die Butter halbfest geworden ist, dann die gehobelten Mandeln unterrühren.

2. Den Teig zu einem Rechteck von 12 x 30 cm ausrollen. Mit der Mandelbutter bestreichen und an der Querseite beginnend vorsichtig aufrollen. Die Rolle in 4 Scheiben schneiden, auf ein Backblech legen, flachdrücken und 30 Minuten gehen lassen.

3. Den Backofen auf 180 °C (Ober- und Unterhitze) vorheizen. Das Ei mit 1 Esslöffel gesalzenem Wasser verquirlen und die Bun-Rolle damit bestreichen. 15–20 Minuten im Ofen backen.

4. Den Porree in Scheiben schneiden. 10 g Butter in einer Pfanne erhitzen. Den Porree 5 Minuten darin anschwitzen, den Kohl zugeben und 5 Minuten mitbraten. Mit Salz, Pfeffer und Muskatnuss würzen. Die Pfanne vom Herd nehmen. Mehl, Mandelmus und Ei einrühren.

5. Die restliche Butter in einer zweiten Pfanne erhitzen. Aus dem Gemüse 4 Pattys in der Größe der Buns formen und von jeder Seite 5–8 Minuten auf mittlerer Stufe braten. Am Ende der Garzeit mit je 25 g Käse belegen. Die Tomate in Scheiben schneiden.

6. Die Bun-Rolle in Scheiben schneiden. Die Mayonnaise mit dem Tomatenmark verrühren und die unteren Hälften damit bestreichen. Mit Salat, Pattys und Tomatenscheiben belegen. Mit den oberen Bun-Hälften abschließen und sofort servieren.

Senf-Burger

Für 4 Burger · Vorbereiten: 20 Min. · Zubereiten: 25 Min.

Die Zutaten

klassische Buns (siehe S. 10) 4

Pattys

fester Tofu...................................... 250 g
Seidentofu.................................... 150 g
grobkörniger Senf .... 3 EL
normaler Senf................................ 2 TL
Semmelbrösel .... 50 g
Öl.. 1 EL

Toppings

milder Schnittkäse................. 4 Scheiben
Tomate 1
milde Zwiebel .... ½
Kopfsalat.................................. 2 Blätter

Salz, Pfeffer

Sauce

Mayonnaise (siehe S. 9)................. 3 EL
grobkörniger Senf........................... 2 TL

Variation

Verwenden Sie unterschiedliche Tofusorten
(zum Beispiel geräuchert, mit Algen oder Kräutern)

Das Rezept

1. Für die Pattys den festen Tofu mit dem Stabmixer zerkleinern. Seidentofu, Senf und Semmelbrösel einarbeiten. Mit Salz und Pfeffer würzen. Aus der Masse mit einem Speisering 4 Pattys formen.

2. Das Öl in einer Pfanne erhitzen. Die Pattys vorsichtig hineingeben und auf mittlerer Stufe von jeder Seite 10 Minuten braten. Am Ende der Garzeit mit dem Käse belegen.

3. Die Tomate in Scheiben und die Zwiebel in Ringe schneiden.

4. Die Buns durchschneiden und die Innenseiten toasten. Mayonnaise und Senf verrühren. Die unteren Hälften damit bestreichen. Mit Tomate, Salat, Pattys und Zwiebelringen belegen. Mit den oberen Bun-Hälften abschließen und sofort servieren.

Zucchini-Burger

Für 2 Personen · Vorbereiten: 15 Min. · Zubereiten: 20 Min.

Die Zutaten

klassische Buns mit Thymian
(siehe S. 10) 2

Pattys

runde Zucchini............................ 1 große
Haselnusskerne .... 3 EL
Semmelbrösel .... 3 EL
Ei (oder 2 EL Sojajoghurt) 1
Mehl... 4 EL
natives Olivenöl extra........................1 TL

Toppings

weißer Balsamicoessig ....½ TL
Rohmilchkäse
(optional) .... 2 kleine Scheiben
gemischter Blattsalat.............1 Handvoll

Sauce

Mayonnaise (siehe S. 9)................. 2 EL
Gewürzsenf...................................... 2 EL
Salz, Pfeffer

Das Rezept

1. Die Zucchini quer halbieren und mittig zwei dicke Scheiben abschneiden. Von dem Rest der Zucchini 12 feine Scheiben hobeln, mit dem Balsamicoessig beträufeln und bis zur weiteren Verarbeitung darin marinieren.

2. Die Haselnüsse fein hacken und in einem tiefen Teller mit den Semmelbröseln vermischen. Das Ei in einem zweiten Teller verquirlen und salzen. Das Mehl in einen dritten Teller geben. Die dicken Zucchinischeiben zuerst im Mehl, dann im Ei und zum Schluss in den Semmelbröseln wenden. Das Öl in einer Pfanne erhitzen und die panierten Zucchini 6–8 Minuten von beiden Seiten braten. Mit Salz und Pfeffer würzen. 1 Minute vor Ende der Garzeit mit dem Käse belegen.

3. Die eingelegten Zucchinischeiben gut abtropfen lassen. Die Buns durchschneiden und die Innenseiten toasten. Die Mayonnaise mit dem Senf verrühren und die unteren Hälften der Buns damit bestreichen. Mit eingelegten Zucchini, panierten Pattys und Blattsalat belegen. Mit Salz und Pfeffer würzen und mit den oberen Hälften der Buns abschließen. Sofort servieren.

ISBN 978-3-517-09780-0

1. Auflage

© der deutschsprachigen Ausgabe 2019 by Südwest Verlag, einem Unternehmen
der Verlagsgruppe Random House GmbH, Neumarkter Straße 28, 81673 München

© der Originalausgabe „Veggie Burgers": Hachette-Livre (Hachette Pratique) 2015;
text and photos by S 'cuiz in

Projektleitung: Katharina Schrott
Übersetzung: Lena Rütter, Köln
Text und Fotos: S' cuiz in
Gesamtproducing: trans texas publishing services, Köln
Coverdesign für die deutschsprachige Ausgabe: Reinhard Soll und Eva M. Salzgeber

Druck und Verarbeitung: DZS Grafik, Ljubljana

Printed in Slovenia

Verlagsgruppe Random House FSC® N001987